les dinosaures

Conception et rédaction :
Delphine Badreddine

Sur une idée originale de :
Claude Delafosse

Illustrations :
Henri Galeron
Donald Grant
Pierre de Hugo
Ute Fuhr et Raoul Sautai
Jame's Prunier

Graphisme :
Cynthia Thiéry

mes premières découvertes
GALLIMARD JEUNESSE

les dinosaures

sommaire

qui sont les dinosaures?

Il y a des millions et des millions d'années,
bien avant que l'homme n'existe, des animaux étranges
peuplaient la Terre : les dinosaures.

comment reconnaît-on un dinosaure ?

Nous connaissons plus de mille espèces différentes de dinosaures. Ils ont des points communs.

Les dinosaures sont des vertébrés : sous leur peau, il y a un squelette.

Comme les crocodiles ou les serpents, les dinosaures sont des reptiles.

Comme les reptiles et les oiseaux, les dinosaures pondent des œufs.

La plupart des dinosaures ont la peau recouverte d'écailles.

les œufs de dinosaure

Cette maman dinosaure appartient
à l'espèce des protocératops.
Elle s'occupe de ses petits
dès qu'ils sortent de l'œuf.

une famille de maïasaures

Voici des dinosaures
que l'on appelle maïasaures.

On reconnaît
le maïasaure à son crâne plat
et à son bec de canard.

Voici le squelette
du maïasaure, tel que
tu peux le voir
aujourd'hui
dans les musées.

La maman pond ses œufs
dans un grand nid en terre, puis
elle reste à côté pour les protéger.
Lorsque les petits sortent de l'œuf,
ils mesurent environ 50 centimètres.
Lorsqu'ils seront adultes,
ils mesureront jusqu'à
9 mètres !

herbivores ou carnivores?

Certains dinosaures se nourrissent de végétaux : ils sont herbivores. Les autres chassent des animaux : ils sont carnivores.

Le vélociraptor chasse en meute des proies beaucoup plus grandes que lui.

Le tarbosaure peut briser le cou de sa proie d'un seul coup de dents.

Le protocératops est lent et peu agile, c'est un herbivore.

Glisse ta lampe magique sous la feuille de plastique pour observer une attaque de vélociraptors.

La maman pond ses œufs
dans un grand nid en terre, puis
elle reste à côté pour les protéger.
Lorsque les petits sortent de l'œuf,
ils mesurent environ 50 centimètres.
Lorsqu'ils seront adultes,
ils mesureront jusqu'à
9 mètres !

herbivores ou carnivores?

Certains dinosaures se nourrissent de végétaux : ils sont herbivores. Les autres chassent des animaux : ils sont carnivores.

Le vélociraptor chasse en meute des proies beaucoup plus grandes que lui.

Le tarbosaure peut briser le cou de sa proie d'un seul coup de dents.

Le protocératops est lent et peu agile, c'est un herbivore.

Glisse ta lampe magique sous la feuille de plastique pour observer une attaque de vélociraptors.

Plusieurs vélociraptors s'apprêtent à attaquer un autre dinosaure, le tsintaosaure.

se protéger de ses adversaires

Le monde des dinosaures
est plein de dangers. Pour se protéger,
chacun a sa technique.

Le stégosaure balance sa queue couverte d'épines
pour effrayer ou repousser les attaquants.

L'iguanodon se défend avec
son pouce en forme de poignard.

Le tricératops montre ses cornes
à ses ennemis pour les impressionner.

les premiers dinosaures

Les tout premiers dinosaures apparaissent il y a 230 millions d'années. Ils côtoient toutes sortes d'autres animaux.

L'éoraptor se nourrit des lézards qu'il parvient à attraper.

Le procompsognathe a la taille d'une grosse poule, et il se nourrit surtout d'insectes.

Voici le phytosaure, un crocodile immense de 7 mètres de long.

Ce petit lézard s'appelle l'hypsognathe.

les premiers grands dinosaures

Parmi les premiers dinosaures, certains sont immenses. Grâce à leur long cou, ils peuvent se nourrir des plus hautes feuilles des arbres.

Lorsqu'il se tient sur ses deux pattes arrière, le platéosaure atteint le sommet des arbres.

Le dilophosaure est l'un des premiers dinosaures carnivores.

de nouvelles espèces de dinosaures

Au cours du temps, de nouvelles espèces de dinosaures apparaissent, et d'autres disparaissent.

Le ptérosaure plane dans les airs. Ce vertébré volant n'est ni un dinosaure ni un reptile.

Le mégalosaure a trois doigts sur chaque main et sur chaque pied.

Le kentrosaure a le dos couvert de plaques et de grosses pointes.

au temps des dinosaures

Voici les plantes et les petits animaux qui habitent sur la Terre à la même époque que les dinosaures.

la libellule

le goniopholis

la fougère géante

la bennettitale

l'algue

le ginkgo

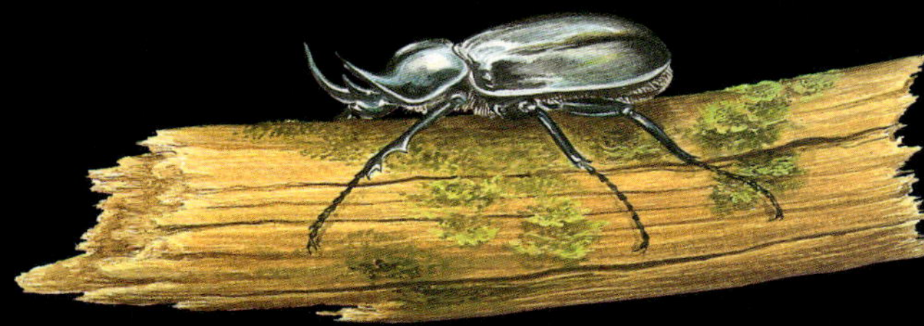

Le scarabée

le cycas

le magnolia

les conifères

le lézard

le papillon

le mégazostrodon

dans l'eau et les airs

À l'époque des dinosaures,
d'étranges animaux peuplent
le ciel et les océans.

les dinosaures marins

Dans les océans, les dinosaures n'ont pas de pattes, mais des nageoires. Certains atteignent une taille gigantesque.

Le tylosaure a des dents acérées.

Le cryptocleidus rame avec ses nageoires.

L'élasmosaure a un cou élastique.

Le mosasaure est un redoutable chasseur.

Les nageoires du plésiosaure ressemblent à des ailes.

l'ichtyosaure

L'ichtyosaure peut mesurer 20 mètres de long. Il se nourrit de poissons et de calamars.

Grâce à ses gros yeux, l'ichtyosaure peut chasser dans l'obscurité.

Son museau effilé contient de très nombreuses dents pour agripper les proies.

La silhouette
de l'ichtyosaure
ressemble à celle
d'un dauphin.

La femelle ne pond
pas d'œufs et porte
jusqu'à onze petits.

Sa queue
est verticale, comme
celle des requins.

les reptiles volants

Certains reptiles ressemblent à des oiseaux :
ils ont un bec et des ailes pour voler.
Ce ne sont pas des dinosaures.

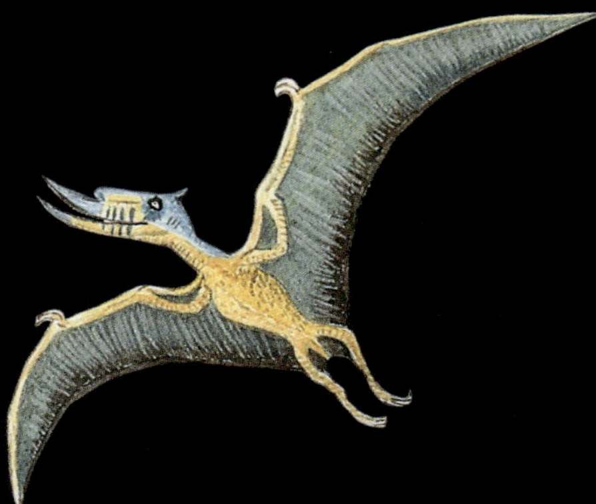

Grâce à son bec étrange,
le dsungaripterus
pêche des crabes
et des coquillages.

Le ptéranodon longiceps
capture des poissons
à la surface de l'eau.

Le quetzalcoatl
est le plus grand
animal volant, avec
des ailes de 12 mètres
d'envergure.

Glisse ta lampe magique sous la feuille de plastique pour observer le vol du quetzalcoatl.

le ptéranodon

Le ptéranodon est un animal impressionnant : quand ses ailes sont dépliées, elles mesurent près de 9 mètres d'envergure !

Sa grande crête lui sert à stabiliser son vol.

Il déplie son quatrième doigt pour ouvrir ses ailes.

Lorsqu'il est au sol, le ptéranodon marche sur ses quatre pattes.

Le ptéranodon
ressemble à un pélican,
avec sa poche sous le bec.

Il pêche des poissons
pour nourrir
ses petits.

les dinosaures célèbres

À une époque que l'on appelle
le jurassique, les dinosaures règnent
en maîtres sur le monde.

des dinosaures géants

Au milieu d'une végétation luxuriante
vivent d'immenses dinosaures.

Le brachiosaure
est lourd comme
quatorze éléphants!

Le diplodocus a un cou de 8 mètres
et une queue de 14 mètres.
Sa tête n'est pas plus grosse
que celle d'un cheval.

Le stégosaure a deux rangées
de plaques osseuses sur le dos.
Elles l'aident à se réchauffer
au soleil et à se refroidir à l'ombre.

les maîtres du monde

L'allosaure peut attraper
de très grosses proies
comme le stégosaure.
Lorsqu'il y parvient,
il les déchire avec
ses dents et ses griffes.

Le petit ségisaure
parvient à échapper
à ses assaillants, car
il est très rapide.

L'hétérodontosaure
est herbivore.
Grâce à ses dents,
il peut mâcher des feuilles
très épaisses.

Au jurassique, les dinosaures peuplent
tous les paysages du monde :
les forêts, la savane, les plaines.

le diplodocus

Le diplodocus
passe son temps à manger.
Il a un estomac énorme.

Ses dents en forme de peigne
lui permettent de ratisser
les feuilles des arbres.

Il prend son temps pour se déplacer :
il ne marche pas plus vite qu'un homme.

Le diplodocus est le plus célèbre
des dinosaures. Il ne se déplace pas tout seul,
mais en troupeau d'une vingtaine d'individus.

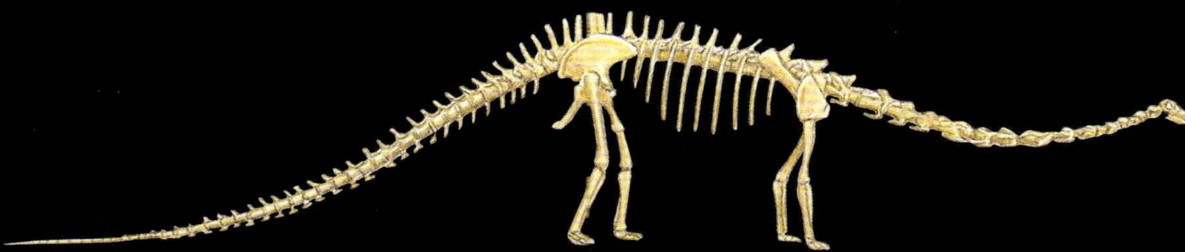

La queue du diplodocus
compte 80 vertèbres.

Le diplodocus
peut baisser la tête
jusqu'au sol.

Avec sa queue très longue et très fine, qu'il peut faire claquer comme
un fouet, le diplodocus fait fuir ses ennemis. Il ne la laisse pas traîner par terre.

le tyrannosaure

Le tyrannosaure est le plus féroce des dinosaures. Il se cache et bondit sur sa victime en lui brisant les os.

Le tyrannosaure a une énorme mâchoire. À l'intérieur, ses dents forment comme des scies.

Comme pour la plupart des dinosaures, on ignore quelle était la vraie couleur du tyrannosaure.

Ses bras courts se terminent par deux doigts griffus.

Ses pieds comptent trois orteils.

le tricératops

Le tricératops est l'un des dinosaures
les plus répandus à son époque.

Le tricératops
utilise ses trois cornes
et sa collerette pour
se défendre et se protéger.

Son museau,
recouvert de corne
comme un bec,
lui permet d'arracher
les végétaux durs
et piquants pour
se nourrir.

Ses larges pieds
ressemblent à ceux
d'un éléphant.

Glisse ta lampe magique sous la feuille de plastique pour observer un tricératops attaqué par un tyrannosaure.

le tricératops

Le tricératops est l'un des dinosaures les plus répandus à son époque.

Le tricératops utilise ses trois cornes et sa collerette pour se défendre et se protéger.

Son museau, recouvert de corne comme un bec, lui permet d'arracher les végétaux durs et piquants pour se nourrir.

Ses larges pieds ressemblent à ceux d'un éléphant.

Glisse ta lampe magique sous la feuille de plastique pour observer un tricératops attaqué par un tyrannosaure.

D'un coup de corne,
le tricératops peut éventrer
le tyrannosaure
qui l'attaque.

l'ankylosaure

Lorsqu'il est attaqué, l'ankylosaure
se défend avec sa cuirasse très épaisse
et sa queue en forme de massue.

La queue de l'ankylosaure
est terminée par un os.
Son dos est couvert
de pointes acérées.

Le deinonychus attaque
ses proies avec ses griffes
en forme de poignard.

Le crâne
du pachycéphalosaure
est surmonté d'un étrange
dôme osseux.

Le struthiomimus a l'allure
d'une autruche. Il se sauve à toutes
jambes lorsque l'ennemi approche.

L'ankylosaure a la taille
d'un grand rhinocéros.
Sa tête est protégée
par quatre cornes.

la disparition des dinosaures

Les savants ont plusieurs idées pour expliquer pourquoi les dinosaures ont disparu.

Une météorite aurait frappé la Terre, provoquant un nuage qui aurait masqué le Soleil pendant très longtemps…

Le climat de la Terre aurait changé, et les dinosaures n'auraient pas pu s'adapter.

Toutefois, jusqu'à aujourd'hui, personne ne sait vraiment la cause de l'extinction des dinosaures.

animaux fantastiques d'aujourd'hui

Les dinosaures ont disparu, mais des animaux aussi étonnants et extraordinaires continuent à vivre sur la Terre. Les connais-tu?

Le caméléon de Jackson a trois cornes sur le front.

Le tatou a le dos protégé par des plaques cornées.

La tortue terrestre géante peut vivre jusqu'à 120 ans!

Le petit tuatara de Nouvelle-Zélande est un descendant des reptiles géants d'autrefois.

Le varan de Komodo est énorme: il pèse 150 kg.

L'iguane marin peut rester
un quart d'heure sous l'eau
sans respirer.

Le basilic court
tellement vite qu'il tient
sur la surface de l'eau
grâce à ses grands pieds.

Le cobra cracheur
d'Afrique projette
jusqu'à 2 à 3 mètres
son venin dans les yeux
de l'ennemi.

Le moloch a le corps
couvert d'épines.

L'ornithorynque est un mammifère
avec un bec de canard et des pattes
et une queue de castor.

Le casoar
possède une crête
en forme de casque.

étudier les dinosaures

Aujourd'hui,
des savants appelés paléontologistes
recherchent des indices pour comprendre
comment les dinosaures ont vécu
il y a des millions d'années.

les fossiles

Les scientifiques fouillent le sol
pour découvrir des squelettes qui sont
devenus de la pierre : les fossiles.

Petit à petit, le paléontologiste
parvient à dégager les fossiles.

Pour qu'ils ne s'abîment pas pendant le transport,
les fossiles sont emballés dans du plâtre.

Les fossiles permettent d'imaginer à quoi pouvaient ressembler les animaux disparus.

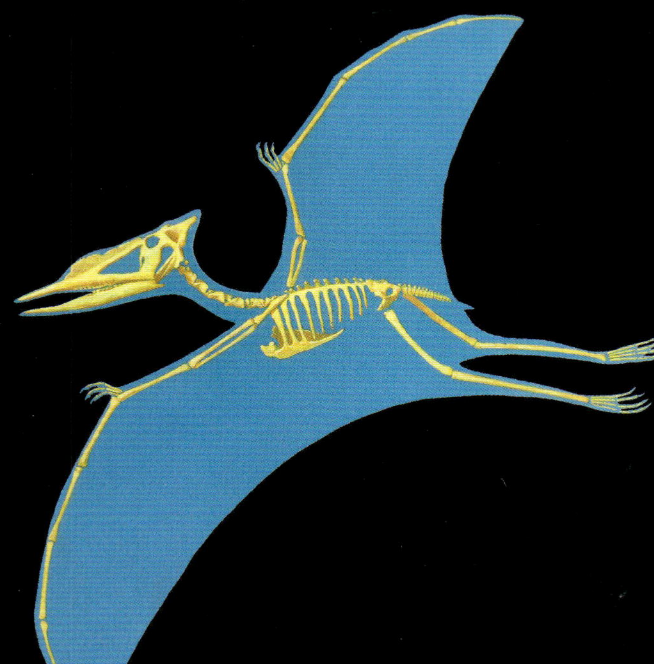

reconstituer

un squelette

Ces scientifiques
ont découvert
des os de dinosaure.
Il faut maintenant
reconstituer
le puzzle.

des squelettes mystérieux

Parfois, les scientifiques parviennent à reconstituer entièrement le squelette d'un dinosaure. Le résultat est spectaculaire !

Devine à qui appartiennent ces os ?

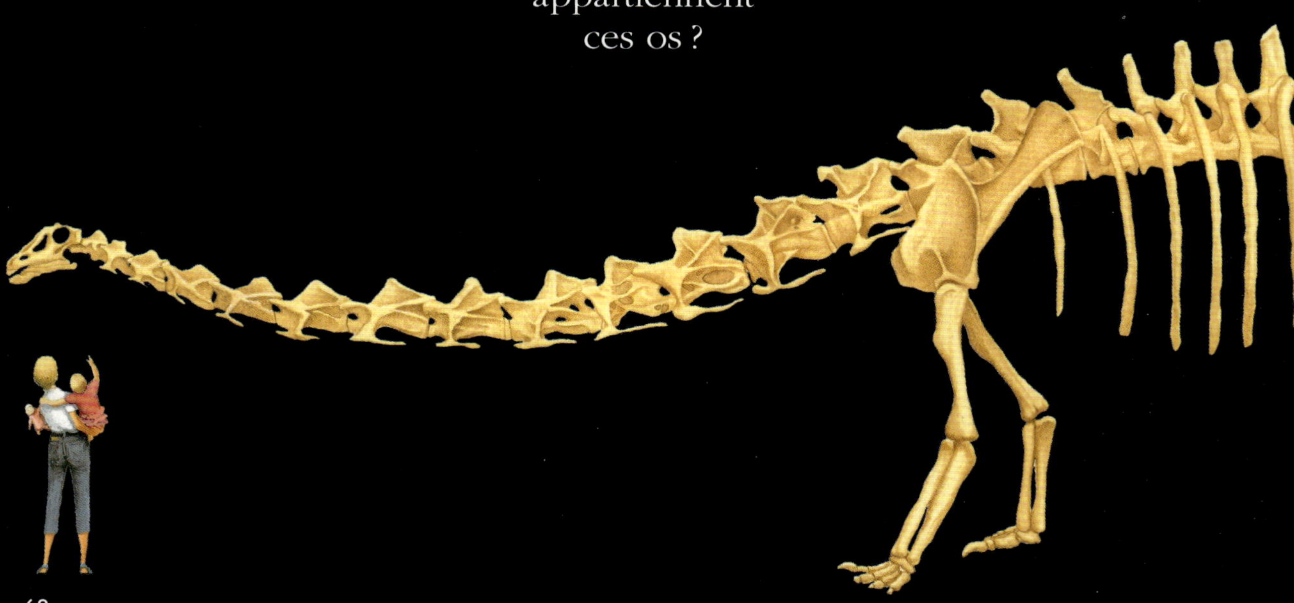

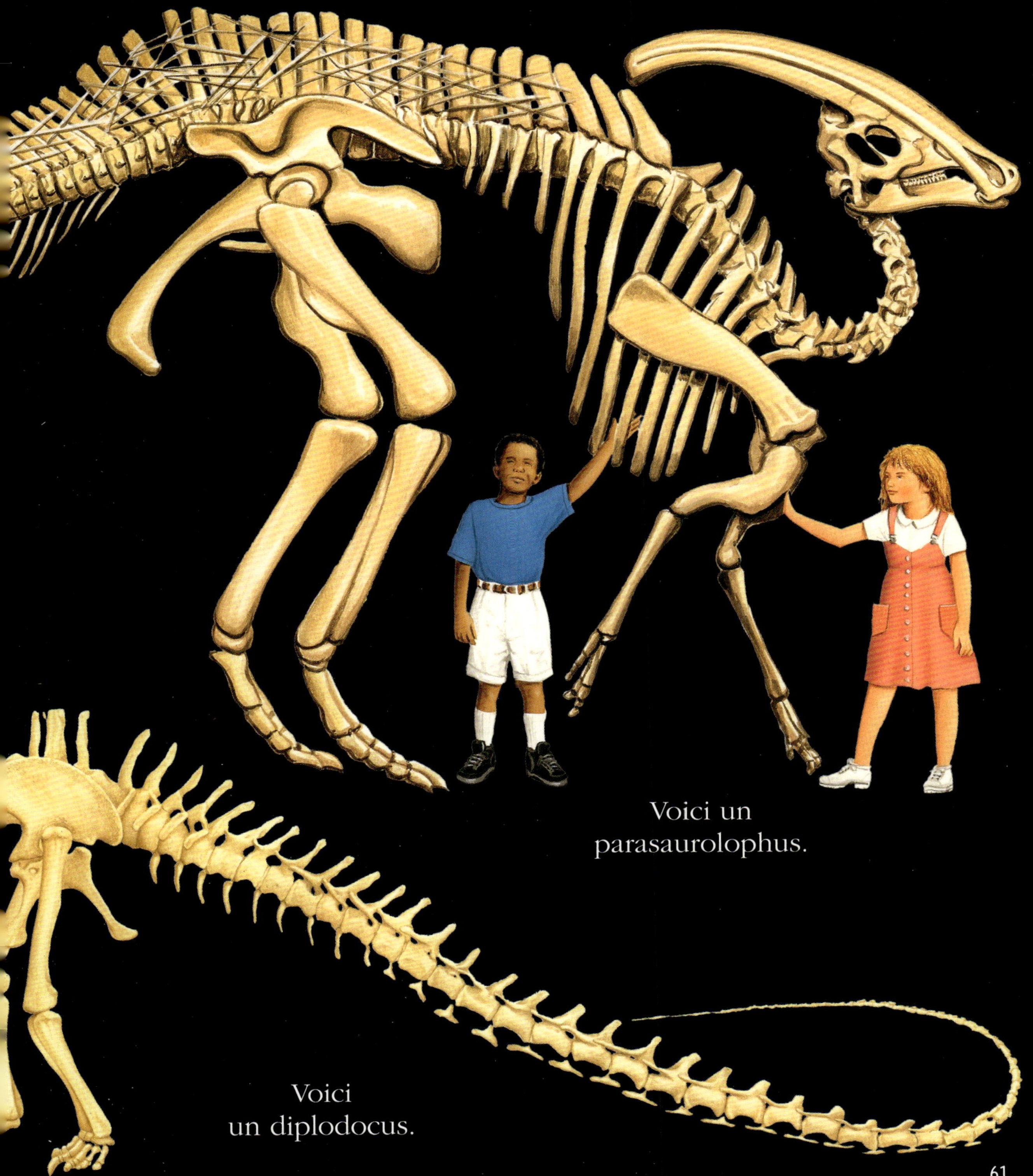

Voici un
parasaurolophus.

Voici
un diplodocus.

des traces impressionnantes

D'autres indices aident les scientifiques à comprendre comment vivaient les dinosaures.

Peux-tu imaginer à quoi correspondent ces trous dans le sol ?

Glisse ta lampe magique sous la feuille de plastique pour découvrir d'où viennent ces trous dans le sol.

Ce sont les empreintes de pas d'un diplodocus,
laissées ici il y a des millions d'années ! Grâce à elles,
on sait aujourd'hui comment il se déplaçait.

connais-tu leur nom?

l'éoraptor

le tyrannosaure

le mosasaure

le tricératops

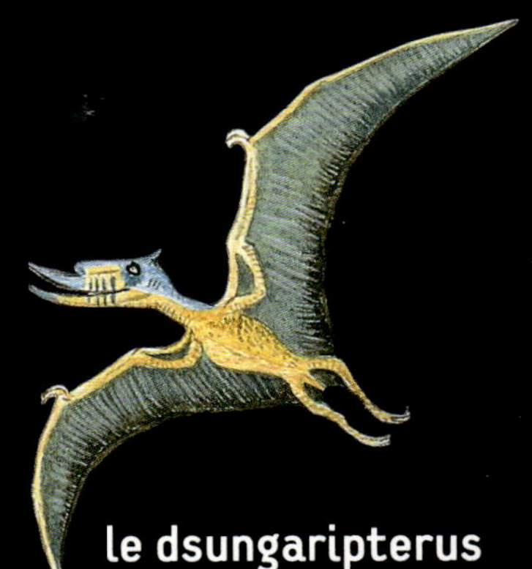

le dsungaripterus

le tsintaosaure

le saltasaure

le dryosaure

le platéosaure

le dasplétosaure

l'allosaure

le tarbosaure

l'archéoptéryx

le brachiosaure

l'hypsilophodon

le dimorphodon

le stégosaure

le cératosaure

l'ankylosaure

le diplodocus

l'hespérornis

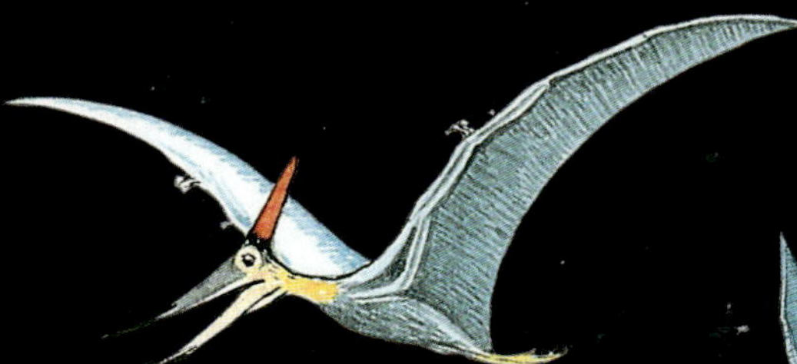

le ptéranodon longiceps

le vélociraptor

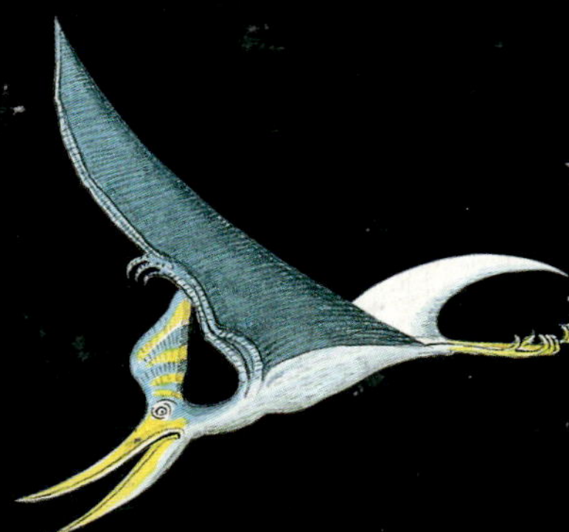

le ptéranodon sternbergi

le deinonychus

le pentacératops

le procompsognathe

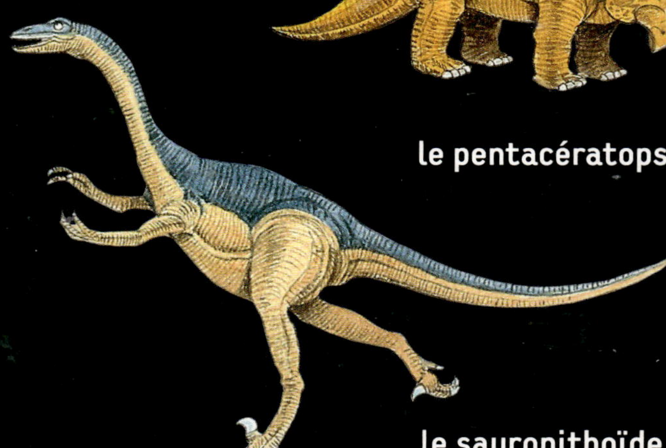

le sauronithoïde

le protocératops

le plésiosaure

le struthiomimus

l'hétérodontosaure

le pachycéphalosaure

le parasaurolophus

le quetzalcoatl

l'ichtyosaure

l'ornitholestes

le ségisaure

le hadrosaure

Responsable éditorial
Thomas Dartige
Édition
Nathalie Corradini

MIXTE
Papier issu de sources responsables
FSC® C008047

ISBN : 978-2-07-064403-2

Numéro d'édition : 293726
Loi n° 49-956 du 16 juillet 1949
sur les publications destinées à la jeunesse
1er dépôt légal : septembre 2012
Dépôt légal : mars 2016
Imprimé en Chine